DISCOVRS
VERITABLE

DES PROPOS TENVS

entre deux Marchādes du Palais,
estant aux estuues, prés S. Nicolas
des Champs, le mardy dixiesme de
Iuin 1614.

*SVR LE RETOVR DE MES-
seurs les Princes, à la Cour.*

A PARIS,

De l'Imprimerie d'Anthoine du Brueil,
rue S. Iacques, au dessus de S. Be-
noist, à la Couronne.

M. DC. XIV.

DISCOVRS VERITABLE DES

propos tenus entre deux marchandes du Palais, estant aux estuues, prés sainct Nicolas des champs, le Mardy dixiesme de Iuin 1614. Sur le retour de Messieurs les Princes à la Court.

LA MERCIERE.

MA voisine, que vous en semble, ne deuons nous pas estre bié resiouyes de la bien-venuë de Messieurs les Princes à la Court, ce sera maintenant que nous serons visitees, & nos boutiques resuerbereront par l'esclat de leur splandeur, d'où elles reprendront leur premier estre, qui estoit entierement obscurcy par leur absence, & aussi attristees qu'vn bonnet de nuict fans coiffe, nous eftions fur le point de faire naufrage, & fi le temps euft continué, ie parle pour la communauté de nous autres, nos maris dorefnauant euffent efté en danger de n'eftre pas pris fans vert, & fubiets à aller faire la petite & honorable reuerence à celuy qui ioué à cloche pié aux halles, ie n'entens pas parler du maiftre du Pilory : car ma foy il eft trop rude ioüeur, mais à celuya qui pour aleger l'eftomach il faut laiffer la ceinture.

LA LINGERE.

Vous entendez parler de l'efmouleur, il n'en fut pas venu ainfi, le diable euft bien efté aux vaches, que pour quatre mois perdus de noftre trafic, nous euffions efté tellement reduits au petit pied, que nos maris euffent efté forcez de deuenir Perroquets par

le Cap, pour moy ie suis si vertueuse
& ay tant de courage, qu'auant qu'en
venir là ieusse plustost exposé vn peu
de marchandise que i'ay deuant moy,
qui eust esté ie m'asseure assez bien re-
ceuë si ie ne me trompe, pour faire a-
uoir du credit a mon mary de mille ou
douze cens escus, & si le fonds en des-
pit de tous les diables me fust tou-
siours demeuré.

LA MERCIERE.

Il y en a qui en sont mieux fournies
que vous, & de la plus friande : mais à
qui debitee ie sçay que i'en ay ce qui
m'en faut & de la plus fine : mais de la
bailler à bas prix, au Diable Zo, ie ne
me cognois point a cela, accostez vo'
de coquins vo⁹ heriterez de la bezace
S. Iean, quand i'en viendray là ce sera
alors qu'a bó escient ie ioüeray a quit-
te & a double, nous ne pouuons rien
perdre au payemét depuis leur arriuee

les piſtolles tiennét reformatió, il n'y
a plus de difficit elles ont attaint leur
periode, la liberalité de ſes Meſſieurs
eſt aſſez ample, voyla pourquoy i'ay
deſiré leurs venuës, comme neceſſaire
à la pluſpart de nous autres à faire
boüillir nos marmittes, & ouyr ſiffler
nos cotillós & nos robes par les ruës:
mais en cefaiſant, il y a à craindre que
nos maris ne ſoyent huez , comme
tiercelets de Faucons.

LA LINGERE.

Budus, par ma foy ; vous eſtes
encor' bien ſotte , de vous mettre
en peine de cela, ne ſçauez vous pas
que la pluſpart de nos deuáciers ſont
ſortis du Palais, pour aller ſur le pont
marchand faire leurs demeures ſeule-
ment, pour la reuerence qu'ils portét
à ſes oyſeaux de proye, dót les maiſons
ſót armoriees, par S. Guenaut de Cor-

beil, c'eſt la moindre difficulté que i'y treuue, & prenez y bien garde.

LA MERCIERE.

Que vous eſtes reſoluë, il ſemble qu'ayez ſelon voſtre dire vne grande profondeur d'arriere boutique, où aſſeuremét pouuez faire l'entier deſploy de voſtre marchandiſe ſans aucune crainte des enuieux, & puis quel beſoin auez vous de telle profondeur, puiſque la marchandiſe des hommes eſtant de la nature du liege ne va iamais au fonds.

LA LINGERE.

Ma foy, ma voiſine, reuenons à nos moutons, & laiſſons là tous ces petits ſcrupules, qui ne font qu'alterer la conſcience, & iettons nous au plus certain, n'eſt-il pas vray que ſes Meſ-

sieurs là, la moindre offre qu'ils font
à nous autres, pour rendre en nous
viuifiees les postures de ce folastre
Aretin, est par promesse six pistolles
reduites le plus souuent à deux, qui
est bien autre payemét que celuy que
ie receuois a ma plus tendre ieunesse,
recluse en vn petit cabaret borgne,
situé au port S.Ladry, ou ie me laissois
aller au premier venu, & me souuient qu'vn pauure malostru esgaré
à ce qu'il disoit fortuitement, qui me
fit offre d'vne belle & ample piece de
dix souls, pour enfiller la venelle, ce
que ie luy eusse accordé volontiers,
n'eust esté que venant aux mains, &
me tenant au cul & aux chausses, il me
demáda son reste, pour payer vn pro-
cureur a qui il auoit dóné son exploit,
pour playder vne cause ce iour là mes-
me.

LA MERCIERE.

Par

Par mon pucelage, ie ne suis pas de celles là, i'ay bon cœur & du naturel des Barbiers ie ne rends rien, ie te prie de m'excuser si ie suis aussi libre en mes discours, que ie suis ouuerte à mes amis, ie n'entends pas pourtant que m'é donniez des reproches quãd nous serós separees, & puis vous sçauez qu'au lieu ou nous sommes, l'on ne parle pas de r'encherir le pain, à ceste Seree nos maris serons bien estónez de voir nos pauures pelauts auoir receu tonsure, ou ils seront en danger de tomber, ne pouuant plus tenir nos bestes par le crain, comme ils faisoient d'ordinaire.

LA LINGERE.

Par ma foy, il me souuient de ceste antique chanson que chantoit ma grand' mere, d'ont le refrain estoit tel.

B

Ne sçauroit t'on auoir bon temps
Sans estre en mariage.

A propos de chanson, ce Diable de Gueridó ma bien rompu la teste ses iours passez, il faut qu'il passe par dessous ma pate, où s'y i'y puis aduenir ie l'estrilleray en chien courtaut, ie voudrois le tenir derriere les Chartreux, ie luy ferois chanter en faux bourdon, *O Bonitas*, *O Dulcedo*, ou le Diable l'emporteroit.

LA MERCIÈRE.

Ce Gueridon dequoy tu parles, est quelque petite ame damnee qui court par le monde sans adueu, seulement pour mettre en peine & trauailler les vns & les autres par ses sots deportemens.

LA LINGERE.

Il est ce qu'il est, & toutesfois pro-

pre à prester on ne sçauroit pis rendre,
ie voudrois qu'il fut enfermé dans le
Chasteau de Vicestre, il auroit tout
loisir, comme antique croniqueur de
mettre au net le desastre de la bataille
de Montl'hery, ou ie desirerois que les
crottes fussent transformees en quelque autre matiere plus fine, pour luy
brider le nez.

LA MERCIERE.

Qu'elle heure est-ce là qui frappe?

LA LINGERE.

Ce sont sept heures, nous auons
encor vne heure de bon temps, pour
nous faire frotter comme il faut, *Sine*
requirere, nos maris seront encore bien
ayses de nous recouurer, nous reco-
gnoissans estre les plus belles roses
de leurs chappeaux, c'est pourquoy

ils nous feront bonne chere, & feront
fort ioyeux de noftre retour.

La Merciere.

Cecy n'eft qu'vne legere defbauche,
que nous auons faicte, & toutesfois
neceffaire pour décraffer cefte venera-
ble partie, que l'on appelle point
d'honneur.

La Lingere.

I'efpere Dieu-aydant demain ou-
urir ma boutique, & careffer en forte
le Prophete Ionas, que ie l'attireray a
ma cordelle, où eftant pris ie le tien-
dray plus longuement prifonnier qui
ne fuft oncques au viel teftament, le
tout fans faire bruict de fa perfonne,
n'y pour quel fubject ie l'ay pris à ma
garde.

La Merciere.

Il faut bien regarder à qui l'on ce frotte, les plus drus ne sont pas les plus sains, il y en a vne que vous cognoissez & de nos proches voisines, qui a donné à son cher espoux deux petits da, da, qui desia ont si belle apparéce, que s'ils continuét leurs croissance, ils seront propres dans trois ou quatre ans à atteller vn carosse, pour moy ie croy ce que disoit le sieur desportes en ses Stances de la Chasse aux Dames.

Tous endroits pour courrir ne sont pas approuuez,
Et chacune forest n'est duisante à la Chasse.
&plus bas
Les lieux d'autre costé raboteux & pierreux,
Sont fascheux à piquer, & bien fort dange-
reux.

LA LINGERE.

Vous me la baillez belle, celuy que

vous mettez en aduant pendant ses
ieunes ans estoit aussi folastre que les
autres, & faisoit aussi bien hommage
à la Déesse Venus, que ceux de maintenant, & ce viel excercice est si bien
enraciné par le monde, que bien dif-
ficilement s'en pourra t'on deffaire,
quoy que l'on y prenne garde, tant
en vostre endroit qu'au mien, voyla
pourquoy nous auons beaucoup per-
du pendant leur absence: car la plus-
part de nous autres estions honneste-
ment satisfaictes des fruicts de leur
courtoisies, & sçauez bien que depuis
peu de temps en ça, il y eu des maraux
qui ont esté si effrontez de nous offrir
leur seruice, pensant que fussions de-
meurees en friche.

LA MERCIERE.

Par ma foy, me voyla maintenant
en humeur de rire, c'est pourquoy ie

dirois volontiers à mon mar quand
ie feray de retour.

Tu ne l'auras pas la la
Ma grande chemife hola.

LA LINGERE.

Voyla huict heures qui fonnent, il
eft temps de prendre congé de ceans,
& donner le bon foir, nous auons fa-
tisfaict par tout. Adieu Madame iuf-
ques au reuoir, qui fera dans brief :
car cefte iournee m'a efté extrememét
agreable.

FIN.

www.ingramcontent.com/pod-product-compliance
Lightning Source LLC
Chambersburg PA
CBHW061805060726
47597CB00007B/3118